CALIPSO

Pablo José Gómez Morales

Editorial Metamorfosis

Autor: Pablo José Gómez Morales
Corrección: Jesica Gil
Ilustración: Pablo José Gómez Morales
Maquetación: David Román

© 2025 Pablo José Gómez Morales
© 2025 Editorial Metamorfosis

ISBN: 979-13-87611-27-9

Gracias a ti.

DE LUNES A VIERNES

Tirando estas flores
en el suelo de la muerte
pienso en lo que puedo
dejar antes de marchar.
No pido estrellas
ni el mar de tus labios,
ni tan solo un cálido abrazo
o una declaración romántica
porque la eternidad
suena como los Beatles
a mis oídos ya sordos.
Aguanto las lágrimas,
comprendo que no los escucharé más
y, a pesar de que ya no hay vuelta atrás,
ya secas estarán
y el resplandor del sol
no me calentará.
Calcinado mi cuerpo está
como polvo de estrellas estelar.

LA MUERTE NOS SEPARÓ

Partiste y la soledad me invade:
no volveré a escucharte
ni veré tu sonrisa
cuando entrabas de prisa
porque algo olvidaste.
Ya no podré abrazarte
con tu cuerpo desnudo
ni tampoco besarte
como lo hacía a menudo.
Mas la esperanza me queda
de que en alguna parte
vuelva yo a acariciarte,
aunque ahora no pueda.
Sin embargo, esperaba
que te quedaras,
pero esta vez me tocó perder.
Hoy te vas tú, mañana me iré yo.
Te deseo lo mejor, mi gran amor.

UN ALMA AL CIELO

El cielo está alegre y feliz
porque una estrella llegó.
Mi vida quedó triste,
pues ya no te veo en el mundo
y el cielo estrellado,
donde estarás alguna vez,
brillará con otro interés.
Te echo de menos en todo instante.
Sólo quiero verte,
aunque sea un momento,
aun sabiendo que has muerto.

JUGABA AL PÓKER

Recordarte es mi locura eterna
porque también
me recuerdas cuando jugaba al póker
apostando todo como un loco
que solo soñaba ilusionado
un día encontrarnos
amándonos y pensando
el recorrer juntos el mismo camino
alguna vez por y para siempre.

MEJOR POESÍA

Labios que solo con imaginarlos
me dan ganas de besarlos,
sé que vivo en un mundo de fantasía,
pero quiero que tú formes
parte de mi vida
y seas mi mejor poesía,
esa poesía que haces germinar en mi interior,
dándole un toque diferente
a cada composición,
esos versos que te susurro cada noche
después de hacer el amor.

MENTIRAS

Si alguna vez
amaste sin que te amaran,
fingieron quererte
y te engañaron,
olvida el mal que te hicieron.
El amor es cosa de dos
y uno sobró.
Ambos perdieron,
pero la realidad
es que tú volverás amar
de una forma
que la otra persona
jamás logrará.
Solo una vez se engaña
porque en esta vida todo se paga.

11 DE MARZO

Susurro en voz baja
lo que siento,
el tormento de este
estúpido sentimiento
que dejaste marcado
aquel jueves
cuando el tren partió
y los latidos de mi corazón
te dijeron adiós.
El silencio del reloj
en España se paró.
El transcurrir de la vida
había cambiado.
Ni por palabras ni por razón:
hoy te recuerdo como aniversario
sabiendo que lo intenté,
pero al final del túnel
donde imaginé amarte eternamente
la luz se apagó de repente.

PINCELADAS

Hermosa mujer
que pinceladas
en mis sueños creas
entre lienzos de blancas horas
cada vez que te sueño
te creo, te imagino, te dibujo.
Tal es mi capricho que no paro
hasta que consigo
quedarme cautivo
entre tus brazos divinos.

SÉ QUE ME IRÉ

No le temo a la muerte,
ni siquiera al silencio,
ni al llanto ni al lamento,
porque mis pensamientos
serán como el perfume
de tu cuerpo.
Impregnaste como las flores
que me echaste.
Encima de aquel agujero
invisible parece.
Como canción en latín
no trajina, no se entiende,
pero te transporta
a las llanuras de nubes
donde el anhelo
será el aluvión
de una despida sin decir adiós.

A LA MAR

Poco a poco a la mar
quieres llegar,
acomodarte sola
entre las olas.
Esperando el momento
me siento desde lejos
con una tímida mirada
a que de una vez
entres y salgas.
No te miento
si te digo que te sueño.
No respiro
si no tengo tu aliento.
Sobrevivo esperando
que retornes pronto conmigo.

PODRÉ BESAR

Nuestros caminos
se han entrelazado
y de momento
no se han juntado.
Tarde o temprano
el destino me echará una mano
y ese día podré besar tus labios.
Labios donde escribiré
mis mejores versos
marcando el significado
del amor verdadero.

MIL ORACIONES

Siento que mi corazón
dejó de latir
haciéndome estar
triste y vacío
porque el tiempo
me va consumiendo,
el pobre se va deteniendo
entre mis pensamientos.
Sigo con el maldito recuerdo
de cómo llegar a sentir de nuevo
una vida más
porque no te quiero
en esta dejar de amar.

EXISTIR

Lucho con el tiempo.
Al borde de un abismo agonizo
pretendiendo
que me levantes
de este ostracismo.
Modulo el pretender
tenerte de nuevo
en esos oscurecidos inviernos
donde nos amábamos
bajo el manto negro
y las estrellas brillaban
expresando el sentimiento perfecto
en modélicas formas,
trazando figuras,
porque amarnos es la mayor locura.

CINTURÓN DE TU CUERPO

Espero un llamado
que haga descansar mi alma,
donde mis penas y lágrimas
queden de una vez apagadas,
donde estos dos mundos opuestos
se junten de nuevo
en el cinturón de tu cuerpo,
atarme seria todo un privilegio,
viviría el más lindo sentimiento.

PENSAR, PENSANDO

Sentado y afligido
en una roca de cristal
me puse a meditar.
La tarde se puso triste.
El sol para remedar
allá en el horizonte
se veía en un altar
y yo con ganas de gritar.
Cansado, abatido, melancólico
me callo los llantos, sollozos
que me amargan la vida
interesante en su ayer
y lágrima por lágrima rodando
al recordar que te amaba
con más profundidad
de lo que pudiste pensar.

GUERRA DE ISRAEL

Bellos paisajes de guerras perdidas,
de locos argumentos
de políticos
que no respetan el derecho.
El cuerpo de la gente
se quema con el sol
y por la tarde los cuervos
comen con anticipación
vagas ilusiones
de volver a vivir con amor.
Pero en Israel
no paran los sonidos de gong.
El café cortado, la leche podrida.
Muchos no llegarán al otro día
sobre un amanecer de soles y poesías.

TRAGEDIA

Miénteme con las mentiras
más inconclusas
para la tragedia de mi alma,
un verso sin prosa
lleno de mentiras dolorosas
en impensadas excusas.
Miénteme, pues al hacerlo
mantienes la llama
de la hipocresía viva,
torcer esta historia
y matar al olvido.
Miénteme y en cada beso de engaño
finge que me amas
y así muero mañana
ante la inquietud
a nuevas propuestas,
prefiero morir sin saber la respuesta
y saber que el amor es una mentira.

TRISTEZA EN MI ALMA

Tristeza en mi alma.
Después de tantas palabras
quedan promesas escritas
para el resto de tu vida.
Siento algo muy dentro de mí.
Deseo hacerte sentir querida y mostrarte
que eres mi vida.
Dame tan sólo tu amor
para que jamás me puedas olvidar.

EL CIELO A MI FAVOR

En ocasiones el amor
se pierde al momento
y dejas de disfrutar el tiempo.
Besos, caricias,
son lo más crucial
para poder amar,
pero como valde de agua fría
dejé de soñar,
la hoguera se apagó,
el sentimiento se terminó
como juguete
con la cuerda rota,
el cielo a mi favor se equivoca.

A BESOS Y PUNTO

Extinguiré tu sonrisa
a besos de colores,
mientras te acaricio
en las noches mudas
donde me aferro al calor de cintura.

BÉSAME

Bésame, con tus labios,
bésame, amor
con la pasión de tu corazón,
bésame con el alma
y te haré sentir
la mujer más afortunada.

JUEGOS SIN TRAMPA

Mis manos sudando,
mi pecho apresurado,
corazón enamorado.
Ardiente verano,
mantas calcinadas
por juegos sin trampas
de dos locos que solo se aman.

NUNCA PIERDAS LA FE

Luna de papel besa su piel
sana en besos de inocencia,
de una hermosa manera
en mi tenaz existencia,
pues no encuentro la manera,
ya que mi cuerpo
no quiere sentir otras manos,
pero debo borrar ese sueño
porque mis noches se vuelven un desvelo
por problemas cortesanos,
mi trono se rompió
ingenuo al creer que me podía amar,
te tuve que dejar en libertad.

SIN TALENTO DE HACERTE SUSPIRAR

Tengo mucho miedo,
mi amor no dura un día más,
miente y lastima.
No soporto la traición,
me escondo como el sol
sin son ni razón.
La emoción me traicionó,
caí en tus brazos
como un borbollón,
el dolor abrió una herida
dejando inerte el corazón
porque amé hasta la muerte,
mientras vivía la ilusión
de una mentira
que lentamente me destruyó,
mi piel se enciende
cuando de amar se trata,
pero la gente te engaña.

PORTERA DE MIS AMORES

Me has robado la razóndesde la primera vez que te vi
frente a mí.
Y desde ese día no he pensado
en otra cosa que arrodillarme ante ti,
como un futbolista
que se desliza en el terreno de juego
hincado de rodillas al marcar un gran gol
al equipo opuesto,
que es tu tronado corazón.

AGUA EN EL DESIERTO

Mi amor se deshace
como una estatua de agua en el desierto,
mis gritos y gemidos
muestran el miedo
de lo que siento
porque poco se irá diluyendo,
la soledad, la angustia
me asalta a ratos,
dominándome por completo
a partir de ver que no me quieres
desde el primer momento
que dije lo que siento.

COMO EL DIABLO

Levanto mis gritos y gemidos
como el diablo
cuando es sometido,
como un vestido mojado
que se pega al alma
me quema y me hiere.
Miedo e incertidumbre
me dominan por completo
al no entender un amor
no correspondido,
porque otro disfruta
contigo lo vivido.

AMARTE SIN TOCARTE

Cuánto te amé sin tocarte
y sin palabras intenté expresarme,
no encontré la fórmula
de decirte lo que mi corazón clan deciente siente,
tu sonrisa me envolvió en magia
convertido en amor,
hoy ya no seguir con eso clandestino,
hoy lo expreso y te digo
«Eres tú mi virtud la que me cambió
a creer aun en el verdadero amor...»

COLORES

Extinguiré tu sonrisa
a besos de colores,
mientras te acaricio
en las noches mudas
donde mi cuerpo sea el calor
que te quite el frío.

MI MEMORIA

Cómo olvidarte
sí vives en mi memoria
y de mi corazón no puedo borrarte,
te imagino en el hermoso cielo
y en ese momento es donde digo,
<<Contigo quiero vivir,
quiero ser feliz,
te quiero y de eso no hay duda,
cómo olvidarte si vives en mi memoria. >>

MI CORAZÓN SE TORTURA

Mortal desasosiego,
mi corazón se tortura
bajo un atuendo negro
que cubre mis sentimientos.
El miedo me mata por dentro.
Dime, dime porqué
lo ves todo tan negro.
Ella es un amor verdadero.
Seguirá siendo tuya
hasta la Eternidad
porque la verdadera
libertad estará arriba.
Ya verás, amor de mi vida.

NO ME AMES

El día en que no me ames
te llevarás mis locuras,
el sexo y palabras con hechos;
cada momento
que te di mil y un besos.
El día en que no me ames
no podré recrearme a tu modo
porque serás como un verso con final.
De la cabeza a los pies
siempre te recordaré
deseando que nunca me olvides.
Mis rimas serán alegres o tristes,
pues llevarán ese vestigio conmigo.

MURIENDO

Anhelo tenerte entre mis letras
y que no distingas
mis lamentos y tristezas.
Entre fragmentos
se queda lo que siento,
pero lo dejo en secreto de sumario.
Nadie sabrá
de quién me he enamorado.
Será el secreto mejor guardado.
Sin comentarios,
sin detalles,
aun muriendo, me quedaré en silencio
con ese ingrato sentimiento
que me matará por dentro.

EL MAR TE RETORNE

Poco a poco tú, hermosura,
a la mar quieres llegar.
Las olas se acomodan solas
solamente para esperar
ver tu cuerpo nadar,
y no te miento
si te digo que te sueño
sobreviviendo,
esperando que un suspiro
cumpla el sueño vivido
y que el mar te retorne
pronto conmigo.

DESTINO O CASUALIDAD

Hubiera recorrido otro camino,
pero pienso que el destino es el destino
y me llevó contigo.
Cada movimiento me emocionó,
viendo tu cintura moverse me sedujiste,
como un niño quise robarte un beso.
Y acercándome a ti poquito a poquito
te pedí un momento y dije,
«Qué labios más lindos,
déjame besarlos un ratito...»

COMETER EL DELITO

En la inquietud
más profunda
de una espléndida estrategia
tienes armado el corazón perfecto
para quererte en silencio.
Y, con el corazón abierto, quiero
pensar que la forma más pausada y detenida
es la paz de la guarida
donde te amaré a escondidas
de esos enemigos
que quieren cometer el delito
de romperte como copa de vino.

MOMENTO MALO

Fue un atardecer de invierno
cuando apareciste
en un momento malo
en el que mis sentimientos
eran equivocados,
pero en segundos blanqueé
murmullos que me rodeaban.
Me quedé quieto
sin comprender lo que siento
hasta que escuché un lamento:
el adiós de mi amor verdadero.

FULGOR INTENSO

El calor con fulgor intenso
declina en el horizonte
contagiado de hongos
por los hombres
en un color crepuscular.
Todo muere,
todos saben, pero todo
se pierde en la lejanía
de un río en mañana fría.

DANDO UN VUELVO

El voltear de tus ojos
prende el fuego de mi piel,
dando un vuelco,
brotando un eclipse por dentro.
Dando luz a un amor verdadero.

AMARGADO Y CANSADO

Llevo un enemigo dentro
solitario y hambriento,
amargado y cansado
de todo lo que ha pasado.
Mira el horizonte
sin esperanza ni reporte
de aquella persona
que una vez dijo amar,
pero que lo dejó esperando
toda una eternidad.

ASÍ ES LA VIDA

Si tú no me visitas
las penas se ahogan
como beber tequila con limón,
con el trago que venga
dejando aturdida mi mirada.
En forma de arma de doble filo
busco llegar:
mi muñeca,
mi enseñanza
hecha o desalmada.
Esos besos que me dabas
me curaban el alma
y hoy estoy detrás de una barra
apagando mis ganas.

LOCO POR LA LOCURA

Loco estoy por la locura
mientras todas mis flores se marchitan
por no darles amor
ni mirarlas con vida,
ya que mi corazón se fulmina
por el sentimiento eterno
que me inclina
a esperar un milagro
en la aureola
que a su paso vierte
aligerando mis cadenas,
animándome a llevar de alguna manera
este sentir que me mata sin vivir.

LÁGRIMAS MORIBUNDAS

Suelo escribirte
en las noches vagabundas
con lágrimas moribundas
y, sin embargo,
el dolor de tu ausencia
cada segundo me tortura
cuando en cada verso
simulo tenerte.
El lápiz insensato
sabe que no volveré
a verte.
Deambulo
por el universo
buscándote
para volver a encontrarte
en algún momento.

MAREA

Lleno los mares de lagrimales
cuando busco el lugar
donde te amé por primera vez.
Mi corazón se detiene
y vago en la soledad
de la humedad,
persiguiendo
arena con que aliviar el dolor de mis pies
que suelen llegar
al oscuro sol
que arde sin saber
por qué no quiero alejarme.
Prefiero morir
antes que volver a sentir por ti.

CON ARMAS

Durmiendo con armas
y una rabia que los mata,
preguntas sin respuestas
sus armas cargan
para defender su libertad
porque no están seguros
de si mañana vivirán o morirán.

OSCURO VOLCÁN

Volveré a nacer de las cenizas
del oscuro volcán
de un corazón roto.
Que mis manos tacto
vuelvan a tener
para enamorarme otra vez,
para volver a ser dueño de todas mis caricias,
para robar ciento de suspiros
que vuelvan a llenar mi vida
y que apaguen la sed
de lo que pudo ser, pero no fue.

REALMENTE ESTOY VIVO

Vivo por el aire que respiras
y la revolución;
por las queridas partes de tu cuerpo.
Vivo por el puro consumismo
que habita en tu piel sin detrimentos;
por la magia,
por tus mismos símbolos tatuados de alquimias
que acarician lo que siento.
Vivo por sagrados escritos,
por tus dudas,
por todo aquello
que no pueden envidiarte.
Vivo por las trincheras,
por morder tus geografías,
porque en ti no sobrevivo
ni le temo a la angustia
de una muerte en tus brazos.

MIS ROSAS

Te iluminan mis rosas
a que tu belleza desemboca
a un lugar placentero
como besar tu boca
y es la costumbre
de osar en el imperfecto
quedando en tu piel
el perfume perpetuo.

REFLEJOS EN POESÍA

Reflejarte en un papel
es escribir un poema,
se expresa con hermosura
todo cuanto en ti es dulzura,
el más perfecto reflejo
de lo que es tu figura,
pero siendo aun bellos mis versos
no alcanzarán tanta altura.

UN DESEO

Si pudiera pedir un deseo
solo pediría uno,
y es que los Dioses de este mundo
nos dieran la vida eterna.
Honestamente no soportaría
vivir sin tu existencia,
para mí sería como morir
sin haber vivido.
Realmente eres especial,
realmente eres vida.
Realmente resumo
que lo eres todo.
Gracias por existir,
gracias por darme inspiración.
Te querré siempre:
es una promesa de corazón.

TU BELLEZA DE MUSA

Hacia la locura
de la inmoralidad transitoria
me empuja con riesgo
tu belleza de musa.
Y yo, humano inconsciente
de que el hecho de evocarte
no va a devolverme el pasado
que de nosotros recuerdo.
Como tú, belleza de ayer
lejana, bella e intemporal
mi camino lo dicta
las penas de lo inconcluso.

ERES MI VIDA

En sueños quiero decirte
que te amo y te quiero,
que paso noches y días enteros
escribiendo rimas y versos
para decirte lo que siento.
Por eso te confieso aquí
que mi vida eres tú,
que sin ti es difícil vivir
desde que descubrí en ti
un amor distinto,
un amor diferente.
Como puedes ver
me encuentro inmerso
escribiendo mil poemas
a la mujer más bella,
por eso hoy, lo confieso,
mi vida eres tú.

MISILES APUNTANDO

Sombras oscuras
en el cielo azul
anunciando destrucción
y el final de un tiempo
donde el ser humano
dejará de existir
en mi pobre e inerte corazón.
No me gustaría que esto sucediera,
pero el ser humano es tan mezquino
que le importa tres pepinos.
Sé que viene la guerra
y nadie puede evitarlo.
Rencores de traicioneras
y fracasadas ilusiones.
Sin decir más
yo declaro la guerra de amor
y no al odio que apunta con sus misiles.

EL CASINO DEL AMOR

En el casino del amor
no pensé hallar
el clamor del ganador.
Sin conocer el juego
aposté todo primero.
Cartas me han entregado.
Yo aposté algo olvidado.
Apostador no he sido,
pero parece que estoy perdido.
La suerte está echada.
Con cartas marcadas
presento mi jugada
y el resultado
es que me quedé sin nada.

NADA ME HIZO TAN FELIZ

He dedicado parte mi vida
a querer en libertad,
sin ataduras ni cadenas,
buscando el modelo de reblandecer los días
y acallar los candados
que amarran el sentimiento
pesado en mis venas
porque lucho en una guerra desigual.
El pensamiento le gana a la osadía,
pero en los ojos se ve la realidad
que se marchita despacio y sin piedad.
La realidad es melancolía
y sí, he ansiado el amor
de alguna manera
como se mira la vida,
pero todo en el mundo es una mentira.

EL TIEMPO PARADO

Ilusiones perdidas
como carreteras sin líneas:
así está mi alma,
vacía y perdida.
No camina ni rueda,
pues no tiene una guía
que le indique el camino correcto.
Doy pena cada día
en cada dedicación
cuando tu mirada no halla
ni con el tiempo parado
ni con el click de reloj sonando.

DAME TU MANO

Dame tu mano.
Volemos por el azul cielo.
Si te da miedo volar
no te preocupes:
yo te voy a cuidar.
No tengas miedo
si entre nubes cantamos
y después con un buen vino cenamos
bajo el manto de estrellas.
Iluminados, destacaremos
como dos enamorados
que quieren hasta el final
sin temor a fracasar.

ABRIR MI CORAZÓN

Fue ayer
cuando sentí
que vendrías
a abrir mi corazón,
a abrir las puertas
para cobijarte
del frío que hacía
en aquellos brazos.
Ardiendo de frío
que dejó tu amor,
al marcharse junto a mí
mis pupilas y latidos
tienen
la luz de tu mirada.

TU AMOR ES

A lo lejos sale una estrella a brillar
pero, mirando bien, brilla más que nunca,
y es que su brillo extra
es porque llorando está.
Preocupado, miro, observo,
pero no le puedo preguntar.
Mi pensamiento, muy preocupado,
le preguntó al pasar.
Puede que no me contestara
y ella, perdiendo destello
de tan mojada al llorar,
poco a poco se empieza apagar.
De pronto dejó de alumbrar.

SI TE VAS

A veces se enciende,
a veces se apaga.
Otras veces resurge,
otras veces se calla
el amor a ratos.
Mas es tu presencia
que enciende la flama
que toca mis labios
como lava
el lugar donde el sol se esconde
y donde la luna no dice su nombre
por miedo a descubrir
la libertad de un sentir.

DOS EXTRAÑOS

Dos extraños bajo la luna.
Un riesgo inopinado de una aventura,
una caricia sustraída con ternura
aunque paralice la locura
y no vivan una noche
en una mirada
de reina mancillada y caprichosa
que sólo con besos fulmina.

LAS OREJAS

La piel te cuelga de las orejas
como mortales comunes
de este mundo cruel
que no tiene razón.
Mandan sin ton ni son
el tronar desigual de los cañones.
Sólo en voz se imponen las razones,
degolladas por cobardes sin pasiones,
mártires eternas de negros corazones.

LA TORMENTA

La tormenta veo llegar
y pienso que me ahoga,
por eso bajo un paraguas.
Quiero refugiarme
y dejar las horas pasar
porque estar abrazados
es el lugar perfecto
para vivir un amor verdadero,
ya que después del torrencial
salió el sol y el arco iris
inundó nuestros corazones.

EMPEZANDO A SOÑAR

Y es ese lugar
donde empiezas a soñar
con lo que ella quiere,
con ser lo que quieras ser y amar a quien
quieres amar con locura.
Y es donde piensas
que solo tienes una vida,
donde anhelas compartirla con ella,
donde piensas
que la vida juntos
es más dulce y los sentimientos y el amor
perdurarán cada día y cada noche.
Es en ese momento
donde te das cuenta
de qué quieres con el corazón.

LA TRENZA

Con mis delicadas manos
perfilaría tus ojos
y, cerrando los míos,
buscaré el firmamento
como los rayos del sol.
Al salir de la madrugada
atraparé unos cuantos luceros
juntándolos con sedas y lanas,
suavidad y, jugando,
te haré la trenza de la eternidad.

NO BAJES

No bajes la mirada
porque sé lo que has de decirme.
En esta noche, tristeza,
deseas vulnerarme y herirme
en otro olvido
a cada palabra.
Aún no distingo las causas
de porqué te fuiste sin más.
Mañana serás tú
la que te encierres en mis palabras.
Mañana todo entre nosotros será nada.

EXTRAÑO RECUERDO

A veces por la ciudad
empiezo a recordar,
incluso creo verte en las calles
donde solíamos vagar.
Cada vez te extraño más,
tal vez tu compañía me llenara de alegría.
Confundido entre la gente
que camina a la deriva,
solo acierto a confesar
que te extraño amada mía.

CAIGO

Caigo en un abismo profundo de amor
donde pierdo la vida en mis versos,
esculpiendo en papel lo que siento,
sin saber hasta dónde llegaré,
quedándome la duda de saber lo que siento,
y poco a poco mis versos
se van convirtiendo en frases muertas
al expresar en papel lo que siento.

RECREANDO VACACIONES

En mi mundo amaneció una vez más.
Lindos días, todos en ellos eran risas.
Entre bromas
viviremos esas semanas
como si fuera el final.
Cada día intento cortejarte con amor,
pero no es mi mayor arte
el intentar enamorarte.
Hoy recito poemas a la vez
que el tiempo tibio pasa en gritos
de decirte "Te quiero, mi amor divino".

VOMITARÉ

Sin remedio a que pueda curar
este mal de amor
que me mata el corazón,
vomitaré las impurezas de mis versos
en un papel sentado en el suelo,
me pasaré cada noche,
deseando verte.
aunque solo sea en un verso
acompañándome en este tormento,
que dejaron marcados
aquellos recuerdos que nunca fueron buenos.

DIME CORAZÓN

Dime, corazón,
porqué te enamoras
sin medidas ni razón
de quien nunca te amó.
Desde el primer momento
en que te abriste
hacia una situación imposible
loco eres en sí
por sentir algo
por alguien que a ti
ni le va ni le viene.

SENTIR OTRAS MANOS

Mis labios dolorosos
dirán que sonríen
mientras el silencio
me envuelve en una túnica
de dolores negativos,
donde en un sueño profundo
un pájaro vuela
huyendo de su presa,
temblando de tristeza.
Abriendo la puerta
de mi consciente,
miro muy dentro
y no te encuentro,
quemándome el miedo
la herida que dejaste
sangrando un día.
Tristemente no te olvido
amor de sueño y fantasía
dejaste una amarga vida.

QUESADILLA SIN QUESO

Cuando un recuerdo es bonito
es difícil borrarlo.
La paciencia con el paciente
es como la quesadilla sin queso,
pero nunca abondo ni lo dejo.
Tus labios son míos
y nunca los dejo.
Vivir sin ti no puedo.
Eres muy guapa,
demasiado para mi cuerpo,
pues lo dejas temblando
cada vez que te veo.

SUSPIROS DE TUS DESEOS

Encontraré, cariño mío,
las letras más perfectas
para escribir mis poemas
que suenen como bellas melodías
cuando empecemos en la cama a besarnos,
sintiendo tus dedos
cuando acarician mi suave piel
como si fueran poemas eróticos prohibidos.
Se compondrán letras eróticas, húmedas,
llenas de sensaciones enloquecedoras,
llenas de placer y pasión
liberando los suspiros de nuestros deseos.

ES UN ADIÓS

Ya no puedo más:
mis dedos están cansados.
Mis pensamientos
están muertos.
Ya no creo en lo que escribo
ni tampoco en lo que siento.
¿Para qué seguir, entonces,
trazando, si ya todo se ha nublado?
Mejor suelto el lápiz.
Ya no hay nada que decir.
Nuestra historia ha terminado.
Ya entendí, al fin, que tú no eras
para mí ni yo para ti,
porque no puedo encender esa llama
que me hacías sentir
aquellos momentos
que me hacían suspirar sin pensar.

NO SÉ QUÉ ME PASA

Se me escabulle la tristeza,
así de pronto,
y en ese vendaval eólico
se desajusta en silencio.
Descoloridas manos
que cuelgan de un abismo
dieron lo que dieron
la crepuscular mañana.
Ya no siento ni el viento
ni el sonido de la boreal aurora
ni un manto de rosas blancas luminosas,
solo filosos cuchillos de rozantes quimeras.

Índice